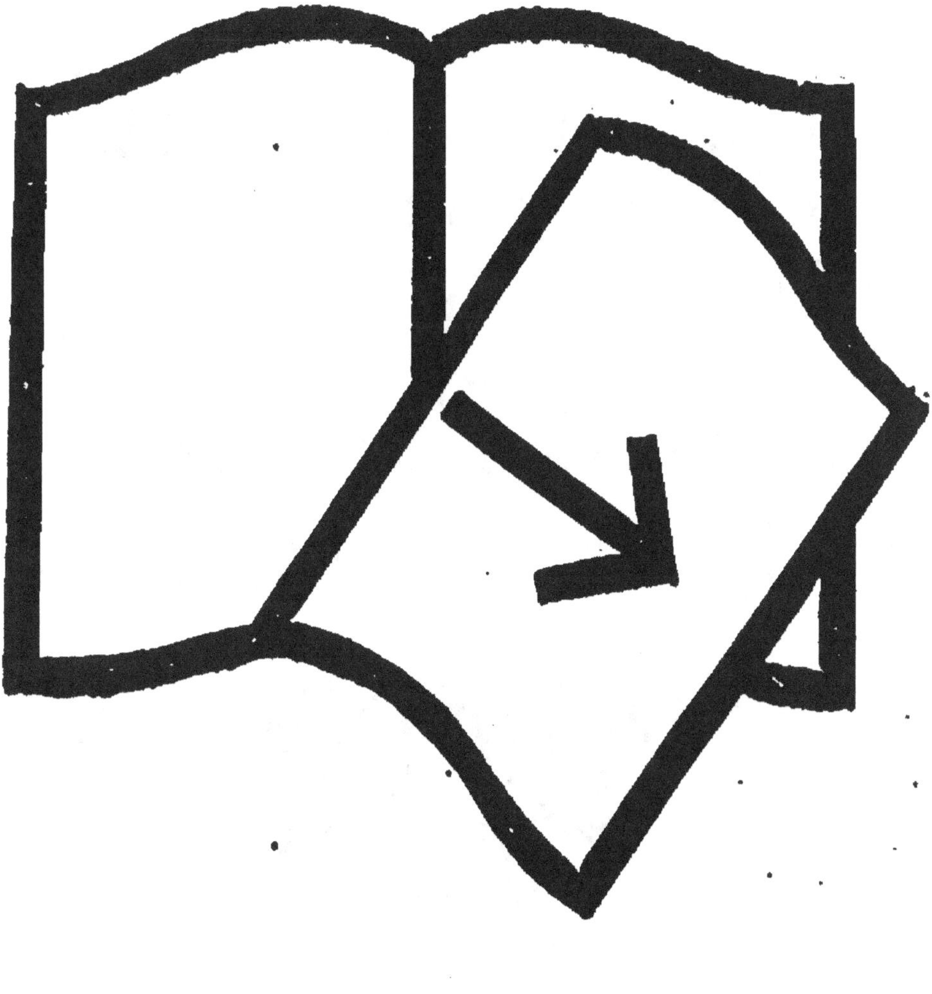

Couvertures supérieure et inférieure
manquantes.

DESCRIPTION
SOMMAIRE
DES
PIERRES GRAVÉES,
ET DES
MEDAILLES D'OR ANTIQUES
DU
CABINET DE FEUE
MADAME.

A PARIS, rue S. Severin,

Chez D'Houry, seul Imprimeur & Libraire de
Monseigneur le Duc d'Orleans.

MDCCXXVII.

AVERTISSEMENT.

MADAME avoit trouvé dans la Succession de l'Electeur Palatin son Frere, un grand nombre de Pierres gravées tant en creux qu'en relief, & une suite de Medailles d'or antiques Consulaires & Imperiales.

Laurent Beger, Sçavant Antiquaire a décrit & expliqué la plus grande partie de ces Pierres dans son Livre, intitulé, Thesaurus ex Thesauro Palatino Selectus; & Madame qui en faisoit son Etude, & son plaisir, ayant toujours augmenté & perfectionné ce Recüeil, l'a poussé jusqu'à plus de six cens.

La suite de Medailles d'or s'est également ressentie de son goût & de ses soins;

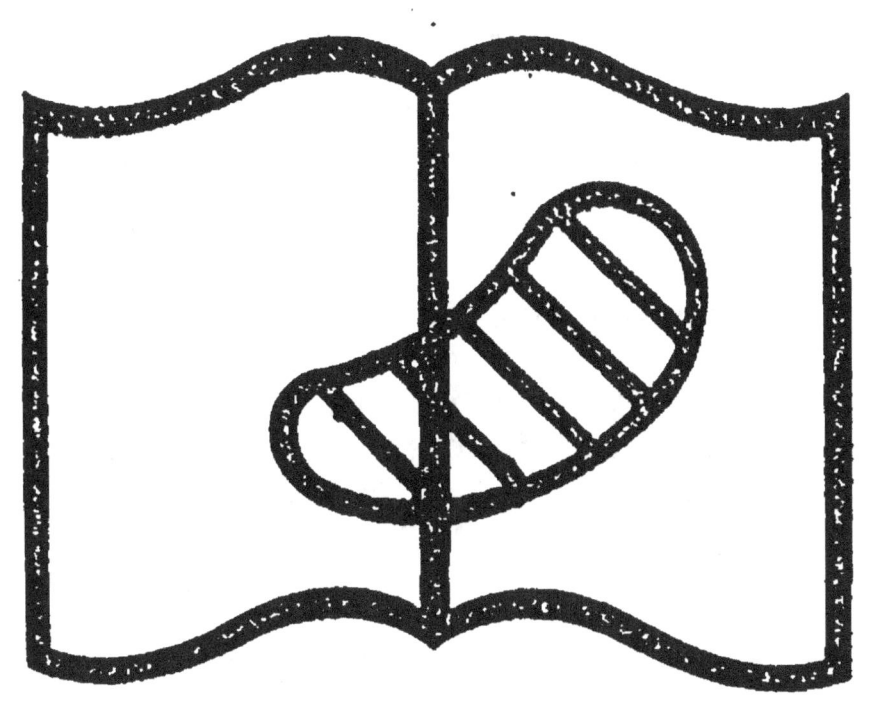

Illisibilité partielle

VALABLE POUR TOUT OU PARTIE DU DOCUMENT REPRODUIT

elle l'a enrichie des Monumens les plus singuliers en ce genre, elle l'a poussée à plus de neuf cens, de manière qu'après celle du Roy, elle est la plus belle de l'Europe.

Ceux qui voudront acquerir les Pierres gravées & les Medailles, s'adresseront à Monsieur d'Argenson, Conseiller d'Etat, & Chancelier de Monseigneur LE DUC D'ORLEANS, qui les leur fera montrer; il recevra leurs offres jusqu'à la fin de Mai; & s'il ne s'en fait point de raisonnable qu'il puisse accepter, la vente en détail s'ouvrira le Lundi neuf Juin 1727.

Tête de Junie...... sur un Saphir bleu d'Orient... grandeur ordinaire pour une bague.

Les Têtes de... rapportée accolées, gravé en creux... d'un demi pouce.

Le Buste de... profondement gravé sur un Onix... la grandeur d'un pouce & demi.

Les Têtes de... & Berenice accolées sur une Sardoine... pouce d'étendue.

Tête de Mars, sur le casque duquel est un Pégase, Topaze claire octogone.

Buste du Medecin Galien, Prime d'Emeraude, ovale, de près d'un pouce de grandeur.

Tête de l'Empereur Neron couronné de lauriers, Cornaline d'un rouge foncé, de forme ronde & d'un pouce de diametre.

Tête de Vespasien, gravée en creux sur une

A iij

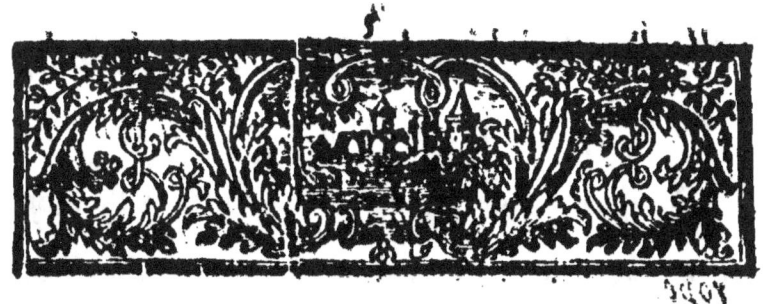

PIERRES GRAVÉES

EN CREUX ET EN RELIEF.

JUPITER assis sur une chaire curule, tenant un foudre de la main droite, & ayant une Aigle à ses pieds, gravé en creux, sur une belle Cornaline d'un rouge très-foncé, & taillée en ovale de la grandeur d'un pouce.

Les Têtes de Caligula & d'Agrippine accolées, Jaspe d'un verd noir, veiné de rouge & de figure ovale, de près d'un pouce de grandeur.

Tête de Philosophe Grec, gravée sur un saphir bleu d'Orient de figure octogone, de grandeur ordinaire pour une bague.

Les Têtes de M. Antoine & de Cleopatre accolées, gravées en creux sur un grenat ovale de demi pouce.

Le Buste de Commode jeune, profondement gravé sur un Onix de trois couleurs, de la grandeur d'un pouce & demi en ovale.

Les Têtes de Ptolemée Soter & de Bérénice accolées sur une Sardoine ovale, de demi pouce d'étenduë.

Tête de Mars, sur le casque duquel est un Pegase, Topase claire octogone.

Buste du Medecin Galien, Prime d'Emeraude, ovale, de près d'un pouce de grandeur.

Tête de l'Empereur Neron couronné de laurier, Cornaline d'un rouge foncé, de forme ronde & d'un pouce de diametre.

Tête de Vesta voilée, gravée en creux sur une

A iij

Hyacinte octogone, de la grandeur ordinaire pour une bague.

Tête d'Apollon à longue chevelure, couronné de laurier, sur une belle Ametiste ovale, de demi pouce.

Tête de Diogene gravée de front sur un Peridot ovale.

Tête de Tibere jeune, d'une gravure profonde & exquise, Cornaline.

Tête de Stazilée Maitresse d'Aristide & de Themistocle, avec son nom ΣΘΕΖΙΛΕΑ, sur une Cornaline.

Une petite Tête de Femme, comme d'une Amazonne, gravée en relief sur un onix blanc, le fond est de couleur d'eau, elle est accompagnée de deux Rubis.

La Tête de Lisimaque, en creux sur une Cornaline d'un rouge clair.

Tête de Bacchante à cheveux épats, sur un Aigue Marine octogone.

Autre Tête de Femme, dont les cheveux sont attachés par derriere, sur un Rubis balais, ovale.

La Tête de Theste jeune au milieu d'une galere, sous laquelle on voit deux Dauphins, avec l'inscription Grecque ΛΘΕΝ, sur un onix de couleur de jade à fond blanc.

La Tête de Ptolemée Auletes, ou le Joueur de Flutte, gravée en creux sur une belle Ametiste ovale, célébre par la beauté de sa gravure, & par l'explication qu'en a fait imprimer feu M. Baudelot.

Tête de Seneque en creux, sur une émeraude ronde.

Une Tête à deux faces de Socrate & d'Alcibiade, accolée en forme de Janus, avec celle d'Aspasie gravée sur un Onix d'un blanc sale, dont le fond est tanné.

Une Tête qui paroit être de Lucius Cejus, sur une petite Cornaline.

Tête de *Julia Titi*, d'une coëffure singuliere, & ornée d'un collier sur une belle grande Cornaline ovale, de la grandeur de près de deux pouces.

Tête de Maxime fils de l'Empereur Maximin, sur une petite Emeraude pâle.

Tête d'Auguste jeune, d'une gravure excellente & profonde, sur une Sardoine Onice, de forme ovale.

Tête de Marciana, sur une belle Cornaline ovale, de près d'un pouce.

Têtes de M. Antoine & Cléopâtre, accolées & gravées sur une Cornaline blanche de forme presque ronde.

Glaucus Dieu Marin, portant à la main une Seche, gravée en creux sur un jade de forme quarrée.

Figure ailée à demi-nue, debout devant un Vase, portant de la main droite un Patére, & de la gauche un Serpent, gravée sur une Topase convexe & ovale.

Tête d'Amazonne ou de Sappho, sur une pâte antique, couleur de ventre de biche, de figure ovale de près d'un pouce.

Tête de Socrate sur une Cornaline.

Tête de Julie fille de Titus, Cornaline claire & ovale.

Tête en relief, qui paroît être de Scipion l'Africain, sur un petit Onix à fond noir, distingué de la couleur blanche, qui forme le relief; elle est entourée de petits Diamans.

Têtes à trois faces opposées, du front d'une desquelles sort en maniere d'ornement de coëffure, un Serpent qui porte un Caducée; elle est en creux sur un jaspe sanguin, de la grandeur d'une bague ordinaire.

Tête d'Arsinoé voilée, sur laquelle on voit une fleur de Lotus, gravée sur un Grenat ovale.

Tête d'une Reine Grécque ornée d'un diadême, & gravée sur une Cornaline.

Tête de Platon profondement gravée sur une belle Cornaline ovale, de près d'un pouce.

Tête de Mercure, d'une excellente gravure, sur une Topase Orientale octogone.

Tête d'Isis en relief, sur un petit jaspe verd.

Tête de Pompée, sur une Cornaline d'une couleur claire.

Figure de Jupiter à demi-nud assis, ayant son Aigle à ses pieds, sur une Turquoise ovale de grandeur ordinaire pour une bague.

Tête de Socrate, sur une Hyacinthe de forme octogone.

Tête de Consul Romain, sur une Agathe grisâtre de figure ovale.

Tête de Pallas à longue aigrette.

Tête de femme inconnue & profondement gravée sur une Emeraude.

La Tête de Livie voilée, gravée sur un bel Onix de trois couleurs.

Deux Têtes barbuës accolées, couvertes d'un voile tissu en raiseau ; elles paroissent être de Rois Parthes, & sont gravées sur une Agathe fleurie, de la grandeur de près d'un pouce en ovale.

Tête de Venus coëffée en cheveux, designée par un Dauphin qui est au-dessous de son Buste, & par la Colombe qui est devant ; elle est gravée en creux sur une Prime d'Emeraude, ovale d'un pouce.

La Tête d'Alexandre le Grand, sur une Cornaline montée en cachet.

La Tête du Genie de la Ville d'Antioche, au-dessus de la Tête d'Auguste, entre celle de Caïus & Lucius Cesars, sur une belle Cornaline ovale, de la grandeur de plus d'un pouce, montée en bague.

Une Venus victorieuse à demi-nuë, tenant de la main droite la pomme, un javelot de la main gauche, & ayant un casque à ses pieds, elle est appuyée sur une colomne, gravée en creux, sur un Onix ovale de trois couleurs, montée en bague.

La Tête d'Apollonius de Thyane, sur un Jaspe sanguin, ovale monté en bague.

Buste de Mercure, avec le Bonnet aîlé & le Caducée devant lui, Agathe ovale de la grandeur d'un pouce.

La Tête d'Elagobale, sur une prime d'Emeraude de grandeur ordinaire, montée en bague.

Une Tête de Dejanire coëffée de la dépouille du Lion, sur un onix blanc à fond gris, de la grandeur de près d'un pouce.

Mars & Venus debout se donnant la main, auprès d'eux sont un casque, une cuirasse & un bouclier, prime d'Emeraude.

Hercule & Omphale, Cornaline ovale.

Un jeune Roy de Syrie, dont la Tête est couronnée d'un diadême avec les cornes de Jupiter Ammon, relief sur un onix blanc, dont le fond est couleur d'eau.

Tête de Pallas à longs cheveux couverte d'un casque en forme d'écrevisse de mer, sur une prime de Saphir de forme ovale.

La Tête d'Antiochus septiéme Roy de Syrie, en relief sur un onix blanc à fond couleur d'eau.

Apollon assis sur un rocher & joüant de la lyre, Cornaline.

Une autre Tête de l'Empereur Othon, avec la legende OTHO, sur une petite Cornaline couleur de grenat.

Neptune avec son trident, ayant à ses pieds une urne, gravé sur une Aigue marine hors d'œuvre, d'un pouce & demi de hauteur.

Philosophe Grec assis sur une chaise, gravé sur une Sardoine.

Les Têtes de Castor & Pollux accolées, distinguées par les étoiles qu'elles portent, gravées en creux sur un onix bleu à fond noir.

Une Leda avec son cigne en relief, sur un onix blanc à fond brun.

Tête de Lysimaque en creux, sur une Sardoine de près d'un pouce, montée en cachet.

Tête d'Aristote gravée sur une Sardoine de près d'un pouce.

Jupiter au milieu des Signes du Zodiaque, en creux sur une prime de Saphir de figure ovale, monté en cachet.

Figure de jeune Homme couvert de son seul manteau, tenant cette sorte d'épée qu'on appelloit PARAZONIUM, & ayant un bouclier à ses pieds, onix bleuâtre à fond noir.

Le vieux Silène, portant une coupe à sa bouche, Sardoine de grandeur moyenne, montée en bague.

Buste de Cleopatre qui se fait mordre par un aspic, Sardoine de près d'un pouce, montée en cachet.

Une Tête de Ciceron, gravée sur une Cornaline;

aussi bien que toutes les suivantes, dont la nature des Pierres n'est pas marquée.

La Tête de Sabine femme d'Adrien.

Deux Têtes barbuës accolées ayant des casques.

Tête de l'Empereur Antonin, couronné de laurier.

Les Têtes d'Adrien & de Sabine, accolées.

Tête de Diane, dont les cheveux sont noüés par derriere.

Tête de Dejanire, coëffée de la dépoüille du lion.

Tête d'un jeune Heros Grec, d'une gravure exquise.

La Tête de Numa Pompilius.

La Tête d'Esculape.

Tête d'Auguste couronné de laurier, devant laquelle est une Aigle éployée.

Tête de Romulus.

Tête de Pergamus Roy d'Asie.

Tête de Massinissa Roy de Mauritanie, de face.

Les Têtes de Marciana & Matidia sa fille, posées en regard.

La Figure d'un Romain courant à cheval, vraisemblablement Curtius.

Un Taureau passant.

Une Tête de Socrate, au-dessus de laquelle est un Epervier, & au-dessous un Cocq sur un Dauphin, à tête humaine.

Figure d'un Chien passant.

La Louve allaitant Romulus & Remus sous le figuier Ruminal, en presence du Berger Faustulus.

Un Chevrier tirant le lait de ses chevres.

Buste de Cleopatre.

Une Tête de Demetrius II. Roy de Syrie.

La Tête de Julie fille de Titus.

Tête de Diane Chasseresse.

Tête de Faustine fille.

Tête de Bacchante.

Autre Tête de Bacchante.

Tête de Socrate.

La Tête de Faustine fille, qui a devant elle une perle en maniere de pendant d'oreille.

Tête de Marc-Aurele âgé.

Tête de Jupiter Capitolin.

Tête de Galba.

Tête de Fauſtine mere.

Tête de Marc-Aurele jeune.

La Tête d'un Philoſophe barbu ſur une Topaſe d'Allemagne.

Tête en face d'une Veſtale voilée, ſur une petite Cornaline d'un rouge foncé.

Tête de Femme voilée, derriere laquelle eſt une palme, & un Autel devant avec une étoile au-deſſus, gravée en creux ſur un Peridor ovale.

Une Tête inconnuë ſur une petite Agathe ovale.

Le Buſte de Julie Pie femme de Sept. Severé, en relief ſur une Malachite ou Turquoiſe.

Un Génie nud & debout portant une corne d'abondance de la main gauche, & ſacrifiant de la droite devant un Autel, gravé en creux ſur un Grenat Syrien en cabochon.

Un Maſque de Vieillard en relief, ſur une Opale de moyenne grandeur en ovale.

Un Cavalier orné d'un caſque, & d'une lance en arrêt au-deſſus, & derriere la tête duquel ſont des Signes de Conſtellations; il paſſe ſur le corps d'un Soldat, & eſt gravé en creux ſur un Grenat octogône.

La Tête d'Antiochus le Grand, ſur une Agathe rouge, avec ces trois lettres Π.P.Y.

Un Mars qui enleve Venus, Emeraude en cabochon.

Tête de Galba, ſur une petite Ametiſte octogône.

Un Maſque de Furie, dont les cheveux ſont heriſſez, Grenat ovale de grandeur moyenne monté en bague.

Tête de Plautille, ſur une Cornaline.

Une Tête de Jupiter Olympien, Cornaline.

Une Tête d'Apollon avec une couronne radiale, Cornaline.

Lion courant, Cornaline.

Tête de Livie voilée ſous la figure de la pieté, Cornaline.

La Tête de Lucile femme de Verus, Ametiſte.

La Déeſſe de la ſanté, tenant de la main droite un ſerpent par la queuë, & de la gauche un bâton autour duquel il paroît entortillé, Cornaline.

La Tête de Jupiter Ammon, diſtingué par des cornes & par la couronne radiale, Ametiſte.

La Tête de Geta jeune, Cornaline.

Figure d'un Belier, gravée sur une Cornaline.

Un Masque de figure comique, & d'une gravure profonde sur Cornaline.

La Tête de Jules Cesar, avec la legende *Divi Julii*, Cornaline.

Un Buste d'un Augure, avec le bâton augural, Cornaline.

Tête de Ciceron sur une Cornaline.

Une Tête d'Omphale, couverte de la dépoüille du lion, Agathe laiteuse ovale, montée en cachet garni de deux diamans en table.

Tête de Junon, appellée Sospita, ou Conservatrice, couverte de la dépoüille d'une chevre, profondement gravée sur une belle Cornaline ovale, d'environ un pouce d'étenduë, montée en cachet mobile, garni de deux Saphirs entourés de diamans.

Tête de Lucille femme de L. Verus, gravée en creux sur une Agathe orientale de près d'un pouce, & dont la monture en or est garnie de rubis & de diamans.

Tête de Diane, couronnée de laurier, & ayant un arc devant elle, gravée en creux sur une Cornaline, dont la monture en or est garnie de deux Turquoises entourées de diamans.

Tête de l'Empereur L. Verus d'un dessein parfait, petite Cornaline, montée en cachet.

Agate onix, representant la Tête d'Alexandre Severe, dont le diadême est formé avec de l'email & des diamans, enchassée dans une bordure enrichie de diamans, rubis & Emeraudes.

Autre Agathe onix ovale, representant une Tête d'Hercule.

Autre Agathe ronde representant Diane à la chasse.

Autre Agathe onix, ovale long, representant un Maximien en Hercule.

Autre Agathe, ovale très-long, representant le Buste de Julie fille de Tite.

Autre Agathe de même forme, representant le Buste d'une Menade.

Autre Agathe ovale couchée, representant une

Victoire qui court entre deux chevaux, qu'elle tient par la bride.

Autre Agathe ronde, représentant un sacrifice à Bacchus, dont la statuë est élevée sur un autel; il y a quatre autres Figures outre la victime.

Autre Agathe représentant un Commode en Hercule, coëffé de la dépoüille du lion.

Autre Agathe, ovale long, représentant la Tête du jeune Crispus.

Autre Agathe onix représentant la paix, tenant d'une main une branche d'olivier, & de l'autre mettant le feu à un monceau d'armes.

Une Agathe onix ronde de deux pouces de diametre, représentant une Victoire en Buste tenant une palme entre ses mains; ouvrage antique de la derniere beauté.

Autre Agathe onix, ovale long de près de deux pouces, représentant une Minerve, le casque en tête, & Minerve sur la poitrine; ouvrage antique très-beau.

Autre Agathe onix de trois couleurs en ovale couchée, de près de deux pouces de diametre, représentant Cerés dans son char attelé par des bœufs, cherchant la torche à la main sa fille Proserpine.

Le Revers de cette Agathe qui est aussi gravé en relief, est beaucoup plus moderne, & représente un Saint Georges avec la devise, HONY SOIT QUI MAL Y PENSE.

Autre Agathe onix, ovale long, représentant une Annonciation; ouvrage des premiers Chrétiens.

Autre Agathe onix, ovale couché, représentant un Athlete qui tient son cheval par la bride.

Autre Agathe onix, ovale long de près de deux pouces, sur laquelle est d'un côté la tête de l'Empereur Constance; ouvrage antique, & au revers une tête de Maure.

Autre Agathe onix, ovale couché représentant Bacchus, Priape & une Nymphe; Pierre expliquée par Beger dans son Tresor Palatin.

Autre Agathe en long, avec la tête de Vitellius.

Autre Agathe onix, ovale long, représentant une tête de Cibele couronnée de tours; ouvrage antique.

Une Agathe d'environ trois pouces, représentant un Buste de Jupiter Serapis, avec le boisseau sur la tête.

Autre Buste d'une parfaitement belle Agathe, représentant en ronde bosse le Buste d'Agrippine seîme de Germanicus.

Autre Agathe ronde de plus d'un pouce de diametre, enchassée dans une autre de trois pouces, representant en relief le Buste de Germanicus étant jeune.

Cornaline de deux pouces de haut, représentant un Buste de Minerve en ronde bosse.

Deux Mains Ityphalliques en corail.

Une Cornaline, ovale long d'un peu plus d'un pouce, gravée en creux, représentant Thesée assis consultant l'Oracle; cette Pierre est enchassée dans un cercle d'or émaillé.

Le même sujet gravé sur une Cornaline un peu plus petite.

Une Agathe onix, ovale long, représentant une tête de Lucille.

Cornaline longue & épaisse, gravée en creux, représentant un jeune Bacchus, appuyé sur un Cippe, ayant une Penthere à ses pieds.

Une autre Cornaline, ovale long d'un peu plus d'un pouce, représentant Mercure assis.

Une Coquille de près de trois pouces de longueur sur un de hauteur, représentant la Bataille de Constantin, avec un nombre prodigieux de figures & un art infini.

Une Cornaline blanche, sur laquelle est gravée une tête de femme inconnuë.

Une grande Cornaline ronde de deux pouces de diametre, entourée d'un cercle d'or, sur laquelle est gravé le Zodiaque, & au milieu Jupiter sur son Aigle entre Minerve & Venus, accompagnée de Cupidon; & sous la figure de Jupiter, celle de Neptune à demi corps.

Une Amecille ovale près d'un pouce de

Quatre Hyacintes en relief de demi pouce, chacune, dont l'une repréſente une Tête nue ſans cheveux, l'autre un Maſque de Vieillard, & deux autres Têtes repetées d'un Roy de France qui paroît être Louis XI.

Une Cornaline octogone haute d'un peu plus d'un pouce, entourée d'un cercle d'or qui repréſente la tête d'une Reine Grecque, qui peut bien être Cleopatre.

Une Hyacinte preſque ronde, d'un pouce de diametre, qui repréſente la tête d'Alexandre le Grand, ſur le caſque duquel on voit un Centaure.

Une Cornaline ovale d'un pouce & demi de diametre, repréſentant un Sacrificateur en habit Pontifical, verſant une Patere ſur un Autel.

Autre Cornaline repréſentant un Silene portant une couronne, derriere lequel ſont un Satire & un jeune Hercule, un arbre entre-deux.

Autre Cornaline ronde de grandeur de bague d'une gravure exquiſe, repréſentant Theſée découvrant les marques de ſa naiſſance.

Autre Cornaline de grandeur de bague, repréſentant un jeune homme nud, appuyé ſur un Cippe, tenant un lapin, ayant à ſes pieds une aigle & un chien; gravure exquiſe.

Autre Cornaline repréſentant Venus, qui demande des armes à Vulcain.

Les têtes de Septime Severe, Julie Pie & Caracalla ſur une même Cornaline.

Une tête de Dejanire couverte de la dépouille du lion; Cornaline.

Une tête de Vieillard d'une laideur affectée; Cornaline.

Un Jaſpe brun de près de trois pouces dans le diametre de ſon ovale, ſur un côté duquel eſt une figure d'Iſis emmaillotée en maniere de Terme, chargée par devant depuis l'eſtomac juſqu'aux pieds d'Hieroglyphes, & de l'autre côté un Buſte couronné de Tours, environné de figures Hieroglyphiques; cette Pierre eſt entourée d'un cercle d'or.

Une Ametiſte ovale de près d'un pouce de diametre, repréſentant deux Cocqs qui ſe battent aux pieds d'une figure terminale de Priape.

Un petit Onix de trois couleurs, représentant une figure terminale de Priape.

Une Prime d'Emeraude ovale de près d'un pouce en hauteu , convexe des deux côtés, sur un desquels est gravé un Serpent Egyptien, dont la tête est environnée de rayons, & une Legende Grecque du gout de celles qu'on voit sur les Abraxas, & sur l'autre une figure Talismanique ; cette Pierre est enchassée dans un cercle d'or, avec des anneaux pour servir de Bracelet.

Une autre Prime d'Emeraude de grandeur de bague, enchassée de la même maniere, représentant la tête de Philemon.

Une petite Ametiste enchassée comme les précedentes représentant un Vase.

Un Lapis de près d'un pouce de diametre, enchassé de la même maniere, eprésentant une Femme sacrifiant un chevreau, derriere est un petit Cupidon aislé avec une torche allumée.

Une Sardoine ovale de près d'un pouce de diametre, representant un jeune Hercule portant sa massuë sur l'épaule.

Une Agathe transparante de près d'un pouce de diametre, représentant Curtius à cheval qui va se précipiter.

Une autre Agathe un peu moins grande, représentant deux figures assises à terre aux pieds d'une figure de Silene qui vient sacrifier un Chevreau sur un Autel.

Un petit Lapis représentant un Hercule nud, à genoux sur sa massuë, succombant sous l'Amour.

Une Tête de Bacchus Indien sur une Sardoine ovale de plus d'un pouce en hauteur.

Rome assise sur des dépoüilles, Agathe d'un blanc grisâtre de près d'un pouce de diametre.

Une Tête d'Hercule barbu sur un Jaspe verd.

La Tête de Platon sur un beau Lapis.

Une Tête de Philosophe sur une Agathe.

Un Jaspe sur lequel est la Déesse de la Santé faisant un Sacrifice.

MÉDAILLES D'OR ANTIQUES.

CONSULAIRES.

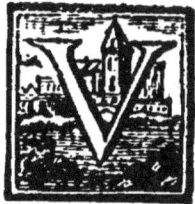

FAMILLES.

Ingt - neuf Médailles Consulaires de differentes Familles Romaines, entre lesquelles on doit principalement remarquer les suivantes,

ARRIA. qui sont très-rares, M. ARRIVS F. P. R. SECVNDVS; le Buste de la Victoire aislée.

Revers, un Autel avec du feu, un Sceptre & une Couronne de laurier.

CORNUFICIA. Q. CORNVFICI. AVGVR. IMP. Cornuficius en habit d'Augure & debout, est couronné de la main de Junon, surnommée SOSPITA.

Revers, la teste de Jupiter Ammon, reconnoissable à ses cornes de Belier.

MUNATIA. L. PLANCVS PR. VRB. autour d'un Vase de Sacrifice.

Revers, C. CAES. DIC. TER. le Buste de la Victoire aislée.

NUMONIA. C. NVMONIVS VAALA, un Soldat qui force des retranchemens.

Revers, le Buste de la Victoire sans aucune inscription.

VI. ajoutées

B

IMPERIALES.

POMPÉE. Deux Medailles de Pompée le Grand; sur l'une il est representé en Neptune, avec une Galere au revers; dans la seconde on voit son Buste entourré de deux branches de laurier, qui lui forment une couronne; & au revers, sont les Bustes de ses deux fils, avec cette inscription, PRAEF. CLASS. ET ORAE MARIT. EX S. C.

JULES CESAR. Sept Medailles de Jules Cesar; sur quatre desquelles on voit sa tête naturelle, nuë, couronnée de laurier, ou voilée comme Grand Pontife.

BRUTUS. Deux de Brutus, l'un des principaux meurtriers de Cesar.

L'une, BRVTVS IMP. L. PLAET. CÆST. La tête de Brutus.

Revers, EID. MART. Le bonnet de la Liberté entre deux poignards.

L'autre, BRVTVS IMP. Brutus dans une Couronne de laurier.

Revers, CASCA LONGVS. Un Trophée sur deux Prouës de Galere.

CASSIUS. Trois de Cassius, autre Conjuré celebre; elles sont toutes trois chargées differemment du nom, du Buste & des Symboles de la Liberté.

LEPIDE. Une de Lépide, le Triumvir.

M. ANTOINE. Six de Marc-Antoine; les unes avec la tête de Jules Cesar au revers, les autres avec celle d'Auguste, d'autres enfin avec celle du jeune Antoine son fils.

ANTON. AVG. IMP. III. COS. DES. III. V. R. P. C. Marc-Antoine.

ANTONIVS M. F. Le fils d'Antoine.

AUGUSTE. Vingt-deux Medailles d'Auguste, dont il y en a d'incuses, ce qui est rare en or.

LIVIE. Un Medaillon de Livie femme d'Auguste, représentée d'un côté sous les attributs & les symboles de la Pieté, & de l'autre sous ceux de la Déesse Vesta.

TIBERE. Huit Medailles de Tibere; dans quelques-unes il est représenté au revers d'Auguste; & dans d'autres il est sur un char de Triomphe conduit par la Victoire.

DRUSUS. Deux de Drusus frere de Tibere; l'une avec un Arc de Triomphe pour les Victoires remportées sur les Germains, & l'autre avec des Trophées d'armes de ces mêmes Peuples vaincus. DE GERMANIS.

ANTONIA. Deux d'Antonia fille de M. Antoine, & femme de Drusus; ce sont les deux seuls revers que l'on trouve en or sur les Medailles de cette Princesse.

GERMANICUS. Une de Germanicus, avec la tête de Caligula au revers.

AGRIPPINE MERE. Une d'Agrippine mere de Caligula, ayant de même au revers la tête de son fils.

CALIGULA. Six Medailles de Caligula, dont une a la tête d'Auguste pour revers. Voici la description d'un autre, que l'on voulut bien séparer du Cabinet de feu M. Cuper, pour faire plaisir à S. A. R.

C. CAESAR AVG. PONT. MAX. TR. POT. Les têtes de Caligula, & de sa **DRUSILLE.** sœur Drusille accolées.

Revers, AGRIPPINA IVLIA. Les **AGRIPPINE.** têtes d'Agrippine & de Julie autres **JULIE.** sœurs de Caligula, posées en regard.

Dix-neuf Medailles de l'Empereur **CLAUDE.** Claude, entre lesquels on remarque principalement les revers suivans.

PRAETOR RECEPT. L'Empereur & le Commandant des Troupes Prétoriennes, se donnant la main.

IMP. RECEPT. Le Camp des Prétoriens.

DE BRITANNIS. Un Arc de Triomphe.

NERO CLAVD. CAES. DRVSVS GERM. PRINC. IVVENT. La téte du jeune Neron.

IX S. C. Le Char des Pompes funebres, appellé CARPENTVM.

(AGRIPPINE.) Deux d'Agrippine, femme de Claude, ayant au revers la téte de cet Empereur.

NERON. Dix-neuf Medailles de Neron, entre lesquelles sont les suivantes.

SACERDOS COOPT. IN OMN. CONL. SVPRA NVM. EX S. C. Les divers instrumens des Sacrifices.

EQVESTER ORDO PRINC. IVVENT. au tour d'un Bouclier.

NERO CLAVD. DIVI F. CAES. AVG. GERM. IMP. TR. POT. COS. La téte de Neron, & celle d'Agrippine sa mere accolées.

Revers, AGRIP. AVG. DIVI CLAVD. NERON. CAES. MAT. Neron & Agrippine sur un Char tiré par des Elephans.

Dans une autre Medaille, qui a la méme inscription que la precedente, les tétes de Neron & d'Agrippine sont posées en regard, & au revers EX S. C. dans une Couronne de feüilles de Chesne.

GALBA. Sept Medailles de Galba, entre lesquelles sont les revers suivans.

SALVS GENERIS HVMANI. Une Figure qui sacrifie.

ROMA RENASC. Rome debout, tenant d'une main un Sceptre, & de l'autre une Victoire.

Il y a aussi le Type de l'Empereur à cheval.

OTHON. Trois Medailles d'Othon, dont voici deux revers.

VICTORIA OTHONIS. Une Victoire passante.

PAX ORBIS TERRARVM. La Figure de la Paix, qui d'une main soutient une Victoire, & de l'autre un Caducée.

VITELLIUS. Six Medailles de Vitellius, dont tout le monde connoît la rareté en or.

VESPASIEN. Vingt-quatre Medailles différentes de l'Empereur Vespasien.

DOMITILLA. Une Medaille de Domitilla femme de Vespasien, que l'on sçait être fort rare.

DIVA DOMITILLA AVGVSTA. La tête de Domitille.

Revers, FORTVNA AVGVST. Le Type de la Fortune.

TITUS. Vingt-une Medailles de Titus fils de Vespasien & de Domitille.

DOMITIEN. Seize Medailles de Domitien frere de Titus.

DOMITIA. Deux Medailles de Domitia femme de Domitien, elles sont très-rares.

DOMITIA AVGVSTA IMP. DOMIT. La tête de la Princesse.

CONCORDIA AVGVST. Un Paon.

DOMITIA AVG. IMP. DOMIT. Sa tête.

IMP. CÆS. DOMITIANVS. AVG. P. M. Tête de Domitien.

NERVA. Cinq Médailles de l'Empereur Nerva successeur de Domitien.

TRAJAN. Quarante-deux Medailles de Trajan, successeur de Nerva. Entre ces Medailles, on remarque premierement, celles de Jules Cesar, de l'Empereur Claude, de Galba, de Vespasien & de Tite, que Trajan avoit restituées, comme l'explique l'inscription suivante, qu'elles ont toutes au revers, avec différens Symboles.

IMP. CAESAR TRAIAN. AVG.

B iij

TRAJAN. GER. DAC. P.P. REST.

Plus, les revers suivans qui sont très-rares.

DIVVS PATER TRAIANVS. La tête de Trajan pere de l'Empereur.

DIVI NERVA ET TRAIAN. PAT. Les deux têtes de Trajan le pere, & celle de Nerva, posées en regard.

FORVM TRAIANI
BASILICA VLPIA } ces deux édifices.

REGNA ADSIGNATA. L'Empereur Trajan élevé sur une estrade, & accompagné de ses principaux Officiers, donne trois Royaumes conquis à trois Princes Etrangers qui sont à ses pieds.

PLOTINA. Deux Medailles de Plotine femme de l'Empereur Trajan; elles sont infiniment rares.

PLOTINA AVG. IMP. TRAIANI &c. Sa tête.

Revers, CÆS. AVG. GERMA. DAC. COS. VI. P.P. Une Figure assise.

La même, excepté que la Figure paroît avoir un carreau sous ses pieds.

MARCIANA. Une de Marciana sœur de Trajan, & dont les Medailles ne sont pas moins rares que celles de Plotine.

DIVA AVGVSTA MARCIANA. Sa tête.

CONSECRATIO. Une Aigle.

MATIDIA. Une de Matidia fille de Marciana, & dont les Medailles sont également rares.

MATIDIA AVG. DIVÆ MARCIANÆ F. Sa tête.

PIETAS AVGVST. Une femme debout, & deux enfans à ses côtés.

HADRIEN. Quarante-cinq Medailles & un grand Medaillon de l'Empereur Hadrien, entre lesquelles sont les suivantes.

DIVO TRAIANO PATRI. La tête de Trajan.

DISCIPLINA AVG. Hadrien conduisant des Soldats.

ANNO DCCCLXXIIII. NAT. VRB. P. CIR. CON. Une Figure assise auprès d'un Terme, & qui tient une roüe de la main droite &c.

SABINE. Une Medaille de Sabine femme de l'Empereur Hadrien.

L. ÆLIUS. Trois Medailles de L. Ælius Cesar.

ANTONIN. Trente-huit Medailles d'Antonin Pie, entre lesquelles sont plusieurs de ses Liberalitez. II. III. V.

FAUSTINE MERE. Douze Medailles de Faustine femme d'Antonin ; la derniere de ces Medailles est la Consecration de cette Princesse, representée dans un Char attellé de quatre chevaux.

M. AURELE. Trente-deux Medailles de Marc Aurele.

FAUSTINE FILLE. Treize Medailles de Faustine la jeune, femme de Marc Aurele.

L. VERUS. Quatorze Medailles de Lucius Verus, entre lesquelles est celle de REX ARMEN. DAT.

LUCILLA. Cinq Medailles de Lucille fille de Marc Aurele, & femme de L. Verus.

COMMODE. Quatre Medailles de Commode, qui sont toutes très-rares en or.

CRISPINE. Deux Medailles de Crispine femme de Commode, & qui ne sont pas moins rares en or.

PERTINAX. Quatre de Pertinax, dont on sçait que toutes les Medailles sont très-rares. Les revers de ces quatre Medailles sont,
OPI DIVINAE.
LAETITIA TEMPORVM.
FIDES EXERCITVVM.
AEQVITAS AVG.

D. JULIANUS. Deux de Didius Julianus, dont les

Medailles sont aussi très-rares.
RECTOR ORBIS.
CONCORDIA MILITVM.

ALBIN. Une d'Albin, dont les Medailles en or sont encore plus rares que celles des deux Empereurs précedens.
P. CLOD. SEPT. ALBIN. CÆS. Sa tête.
ROMÆ ÆTERNÆ. Rome assise.

SEPT. SEVERE. Dix Medailles de Septime Severe, entre lesquelles se remarquent principalement les suivantes.
SEVERVS PIVS AVG. P. M. TR. P. IX. Sa tête.
ÆTERNITAS IMPERI. Caracalle & Geta.
IMPP. INVICTI AVGG. PII. Sept. Severe & Caracalle.
VICTORIA PARTHICA MAXIMA. Une Victoire aîlée qui tient une Couronne & une Palme.
VIRTVS AVGVSTORVM. Les trois Princes à cheval.

JULIA DOMNA. Six Medailles de Julia Domna femme de Septime Severe, dont voici deux revers.
ÆTERNITAS IMPERI. Caracalle & Geta.
MAT. AVGG. MAT. SEN. MAT. PATR. La Princesse assise, qui tient un Rameau d'olive de la droite, & de la gauche un Sceptre.

CARACALLA. Onze Medailles de Caracalla fils aîné de Septime Severe & de Julie: en voici trois revers.
COS. LVDOS SÆCVL. FEC. Bacchus & Hercule debout.
CONCORDIÆ ÆTERNÆ. La tête de Septime Severe rayonnée, & celle de Julie, avec un Diadême; les deux têtes l'une sur l'autre.
P. M. TR. P. XVI. &c. les Courses & les Jeux du Cirque.

GETA.	Quatre de Geta, second fils de Septime Severe. Il y en a deux avec le titre de Cesar, & deux avec celui d'Auguste.
MACRIN.	Deux de l'Empereur Macrin, dont les Medailles sont très-rares en or.
DIADUMENIEN.	Une de Diaduménien, fils de Macrin, dont les Medailles sont les plus rares en or, & manquent dans presque toutes les suites.

M. OPEL. ANT. DIADVMENIANVS CÆS. Sa tête.

PRINC. IVVENTVTIS. Le Prince, & trois Signes militaires.

ELAGABALE.	On Dix Medailles d'Elagabale, entre lesquelles sont les revers suivans.

ADVENTVS AVGVSTI.
SALVS ANTONINI AVG.
SVMMVS SACERDOS.

ALEXANDRE SEVERE.	Douze Medailles d'Alexandre Severe, entre lesquelles il y a des Liberalités.
MAXIMIN.	Deux de l'Empereur Maximin, dont les Medailles ne sont pas communes en or.
PAULINE.	Une de Pauline, femme de Maximin.

DIVA PAVLINA. La Princesse voilée.
CONSECRATIO. Une Aigle.

MAXIMVS.	Trois de Maximus Cesar, fils de Maximin & de Pauline. De ces trois il y en a une qui est Medaillon Grec; ce qui est en or de la derniere rareté.

Γ. ΙΟΥ. ΟΥΑ. ΜΑΞΙΜΟΣ. Κ. *Caius Julius Maximus Cesar.* Le Prince couronné de Laurier.

ΕΠΙ. Ρ. ΕΥΤΥΧΩ. *Sous Rufus Eutychus, Monnoye des Nycéens.* Un Taureau porté par plusieurs enfans nuds. Exergue NYCAEΩN.

GORDIENS AFRICAINS.	Une de Gordien Africain le pere. Revers, VICTORIA AVGG. La

Type de la Victoire.
Une de Gordien Africain le fils.
Revers, ROMAE AETERNAE, Rome assise.

BALBIN. Deux de Balbin, dont les revers sont, FIDES MILITVM & PATRES SENATVS.

GORDIEN III. Dix Medailles de l'Empereur Gordien Pie.

PHILIPPE. Trois de Philippe le pere, dont un Medaillon Grec très-rare.

OTACILE SEVERE. Une d'Otacile Severe, femme de Philippe.

PHILIPPE FILS. Une de Philippe le fils.

TRAJAN DECE. Une de Trajan Dece.

ETRUSCILLE. Une d'Etruscille, femme de Trajan Dece.

TREB. GALLUS. Deux de Trebonianus Gallus.

ÆMILIANUS. Une d'Æmilianus, dont les Medailles sont rares en or; le revers est,
APOLLO CONSERVAT. Le Type d'Apollon debout, avec sa Lyre & une branche de Laurier.

VALERIANUS Une Medaille de Valerien le pere.

VOLUSIANUS. Une de Volusien.

GALLIEN. Cinq Medailles de Gallien, entre lesquelles est la suivante, qui n'est point ailleurs, excepté au Cabinet du Roy, & sur laquelle ont été faites plusieurs Dissertations
GALLIENÆ AVGVSTÆ. Gallien barbu, avec un Diadême de femme, & les cheveux de derriere en tignon.
VBIQVE PAX. Une Victoire qui mene un Char de course.

SALONINE. Une de Salonine, femme de Gallien.

Q. HERENNIUS. Une de Quintus Herennius Cesar, avec le revers des deux mains.
CONCORDIA AVGG.

HOSTILIANUS. Une d'Hostilien, avec le titre d'Auguste, & pour revers, PRINC. IVVENTVTIS.

VICTORINUS. Une de Victorinus, dont les Medailles sont rares en or.

TETRICUS PERE ET FILS. Deux de Tetricus le pere, & une de Tetricus le fils; il y en a une qui les represente tous deux.

IMPP. TETRICI PII AVGG. Le pere & le fils.

IOVI VICTORI. Jupiter assis, une Victoire de la droite, & une de la gauche.

POSTUME PERE ET FILS. Trois Medailles de Postume pere & fils, qui sont très-rares en or.

POSTVMVS PIVS AVG. Le Prince couronné de Laurier.

Revers, QVINQVENNALES POSTVMI AVG. Une Victoire aîlée, avec un Bouclier sur lequel il y a, VOT. X.

POSTVMVS AVG. Le Prince casqué.

Revers, PROVIDENTIA AVG. Une Figure avec un Globe & une Haste.

POSTVMVS PIVS FELIX AVG. Deux Têtes couronnées.

FELICITAS AVG. Deux Victoires en Buste, qui tiennent, l'une une Couronne, & l'autre une Palme

TACITUS. Une de l'Empereur Tacitus.

PROBUS. Trois de l'Empereur Probus.

CARUS ET CARINUS. Deux de Carus & Carinus, dans lesquelles on voit le pere & le fils au revers l'un de l'autre.

NUMERIANUS. Une de Numérien, second fils de Carus.

DIOCLETIEN. Quatre de l'Empereur Dioclétien.

MAXIMIEN. Deux de Maximien, sur le revers de l'une desquelles on lit

CONCORD. MILIT. FELIC. ROMANOR. L'Empereur & Hercule. Dans le Champ. H. Exergue P. R.

CONSTANTIUS CHLORUS. Deux de Constantius Chlorus, dont l'une a pour revers,

COMITATVS AVGG. Constantius & Constantin à cheval.

G. MAXIMIANUS. Une de Galerius Maximianus.

GAL. MAXIMIN. Une de Gal. Maximinus.

LICINIUS P. Deux de Licinius le pere, sur le revers de l'une desquelles on lit, SAPIENTIA PRINCIP. PROVIDENTISSIMI CAES.

CONSTANTIN LE GRAND. Douze de Constantin le Grand, parmi lesquelles sont les revers suivans.

GLORIA EXERCITVS GALL. L'Empereur à cheval. Exergue P. TR.

VIRTVS EXERCITVS GALL. Mars & deux Esclaves à ses pieds. Exergue SIS.

GAVDIVM ROMANORVM. Un Ennemi au pied d'un Trophée, & pour Exergue FRANCIA.

CRISPUS. Une de Crispus fils de Constantin.

CONSTANTINUS J. Trois de Constantin le jeune.

CONSTANS. Sept de l'Empereur Constans, dont l'une a pour inscription, OB VICTORIAM TRIVMPHALEM, autour de deux Victoires aîlées.

MAGNENTIUS. Deux du Tyran Magnentius, au revers desquelles on lit, VICTORIA AVG. LIB. ROMANOR. Deux Figures qui tiennent un Trophée. Exergue TR.

DECENTIUS. Une du Tyran Decentius, avec ce revers.

VICT. CÆS. LIB. ROM. ORB. Deux Victoires qui tiennent un Trophée. Exergue TR.

CONSTANTIUS. Quatorze de Constantius, le dernier des fils de Constantin le Grand, qui lui succederent.

CONSTANTIUS GALLUS. Une de Constantius Gallus, frere de Julien l'Apostat.

JULIANUS. Trois de Julien, surnommé l'Apostat.

JOVIANUS. Deux de Jovianus.

FL. VALENTINIANUS. Onze de Fl. Valentinien, dit le Grand.

FL. VALENS.	Onze de Fl. Valens, frere de Valentinien.
GRATIANUS.	Cinq de l'Empereur Gratien, fils de Valentinien.
VALENTINIANUS J.	Huit de Valentinien le jeune, second fils de Valentinien, dit le Grand.
MAG. MAXIMUS.	Quatre de Magnus, ou Magnius Maximus.
THEODOSIUS MAG.	Cinq de Theodose le Grand.
EUGENIUS.	Deux d'Eugene Tyran, dont les Medailles sont très-rares en tous Métaux.
ARCADIUS.	Sept de l'Empereur Arcadius, fils de Theodose le Grand.
HONORIUS.	Onze de Fl. Honorius, autre fils de Theodose.
CONSTANT. TYR.	Une de Constantin le Tyran.
JOVINUS.	Une de Jovinus, autre Tyran.
THEODOS. JUN.	Quatorze de Theodose le jeune, fils d'Arcadius.
AL. EUDOCIA.	Une d'Ælia Eudocia, femme de Theodose le jeune.
JOHANNES.	Deux de Johannes, Tyran d'Italie.
GAL. PLACIDIA.	Une de Galla Placidia, sœur d'Arcadius & d'Honorius.
PL. VALENTIN.	Six de Placidius Valentinianus.
JUSTA GRATA HONORIA.	Une de Justa Grata Honoria, sœur de Placidius Valentinianus. Les Medailles de cette Princesse sont extrémement rares.
MARCIANUS.	Quatre de Marcianus.
PET. MAXIMUS.	Une de Petronius Maximus, dont les Medailles sont extrémement rares.
AVITUS.	Deux d'Avitus, qui sont de la même rareté que la précedente.
LEO I.	Quatre de Leon I.
MAJORIANUS.	Deux de Fl. Jul. Majorianus.
LIB. SEVERUS.	Six de Libius Severus.
ANTHEMIUS.	Quatre d'Anthemius.
LEO II.	Une de Leon le jeune.

ZENO.	Sept de Zenon Isaurique.
JUL. NEPOS.	Deux de Julius Nepos.
BASILISCUS.	Trois de Basiliscus, dont les Medailles sont rares.
ANASTASIUS.	Dix-sept d'Anastase.
JUSTIN I.	Six de Justin I.
JUSTINIEN.	Douze de Justinien. 13
JUSTIN II.	Trois de Justin le jeune.
TIBERIUS-CONSTANTINUS.	Une de Tibere-Constantin, dont les Medailles sont tres-rares, avec le nom de TIB*erius*, que celle-ci a en abregé du côté de la tête.
MAURITIUS.	Cinq de l'Empereur Maurice.
THEODOSIUS.	Deux d'un Theodose, fils de Maurice.
FOCAS.	Deux de Focas.
HERACLIUS.	Trois d'Heraclius.
HERACLII FILII.	Quatre attribuées à divers Enfans d'Heraclius; Constantin, Constans & Heracleonas.
CONST. POGONAT.	Quatre de Constantin Pogonate.
JUSTINIANUS II.	Deux de Justinien II.
PHILIPPICUS.	Une de Philippicus, ou *Filepicus*, comme il est écrit sur ses Medailles, qui sont rares.
CONST. COPRONYM.	Une de Constantin Copronyme.
STAURATIUS.	Une attribuée à Stauratius, dont les Medailles sont très-peu connuës.
MICHAEL.	Une de Michel, dit le Begue.
LEO III.	Deux de Leon, dit le Sage.
CONST. PORPHYROGENETE.	Une de Constantin Porphyrogenete.
CONST. MONOMA. ET ZOE.	Une de Constantin Monomaque, avec Zoé sa femme.
BASILIUS II. ET CONSTANTIN.	Une de Basile second & Constantin.
CONSTANTIUS ET ROMANUS.	Une avec les têtes de Constantius & de Romanus, qui ont regné ensemble.
CONSTANTINUS ET THEODORA.	Une autre de Constantin & de Theodora sa femme en 922. CONSTAN. ET THEODORA

	AVGG. N. Le Prince & la Princesse qui tiennent une Croix double.
	IHS. CHRIST. REX REGNANTIVM. Jesus-Christ en Buste.
NICEPH. FOCAS.	Une de Nicephore Focas.
JEAN ZIMISCES.	Une de Jean Zimisces.
ROMANVS.	Une du Despote Romanus, surnommé Diogene.
ALEXIS, JEAN ET ANDRONIC COMNENES.	Une attribuée à Alexis Comnéne, une autre à Jean Comnéne, & une troisiéme à Andronic Comnéne.
ISAAC ANGELVS.	Une du Despote Isaac Angelus.

Autres Medailles d'Or.	OUTRE les Medailles qui forment cette suite d'Or, il y en a encore plus de quatre-vingt qui sont des Medailles Romaines, doubles ou des Monnoyes Grecques & Gauloises.

Medailles d'argent.	Il y a aussi une petite suite de Medailles antiques, Consulaires & Imperiales en Argent, dont le nombre est de plus de mille & qui sont particulierement recommandables par leur conservation.

www.ingramcontent.com/pod-product-compliance
Lightning Source LLC
Chambersburg PA
CBHW030106230526
45471CB00003B/1281